Troi

c'est trop court !

Claire Mazard est originaire du Midi. Elle aime les brocantes, la mer et la pâte d'amande. Mais ce qu'elle aime par-dessus tout, c'est avoir sa tortue Fantômette auprès d'elle quand elle écrit dans son jardin, à Paris. Ses livres pour la jeunesse sont notamment publiés aux éditions Flammarion (*Petit printemps vietnamien*), Nathan, Syros et Pocket Jeunesse.

Béatrice Rodriguez est née en 1969 à Amiens. Après ses études aux Arts décoratifs de Strasbourg, elle a commencé sa carrière d'illustratrice indépendante, essentiellement pour la jeunesse. Tout en animant un atelier de dessins dans une école primaire, elle illustre de nombreux romans et albums, publiés aux éditions Lito, Nathan, Actes Sud Junior et Bayard Jeunesse.

Du même illustrateur dans Bayard Poche :
Le match d'Alice (Mes premiers J'aime lire)
Ma révolution (J'aime lire)

Trois jours, c'est trop court !

Une histoire écrite par Claire Mazard
illustrée par Béatrice Rodriguez

BAYARD POCHE

1
L'idée de mes parents

Mes parents sont des fous de side-car. Depuis que j'ai six ans, ma sœur Juliette et moi, nous partons toujours avec eux. C'est génial ! Ce qui me plaît surtout, c'est, le soir, notre minuscule tente à toutes les deux. Elle est jaune pétard en forme d'igloo.

Mais cette année, Juliette a eu treize ans. Elle préfère rester chez une copine.

– Le 1ᵉʳ mai, déclare mon père, le Club des fous de side-car organise une escapade de trois jours dans les gorges du Tarn. Une escapade… un peu exceptionnelle.

Mon père croise le regard de ma mère, puis il continue :

– Dans chaque side-car, il y aura un enfant handicapé.

J'écarquille les yeux, gros comme des soucoupes volantes. Handicapé ?!

Ma mère prend le relais :

— Dans le nôtre aussi, puisque Juliette ne
vient pas. Si tu es d'accord, bien sûr...

Ils m'expliquent que, tout comme nous, les
handicapés rêvent de vitesse, de liberté, et
plus encore les enfants.

— Alors, Marina, tu es d'accord ?

Je pense aussitôt : « Non, je ne suis pas d'accord.
Mais alors, pas du tout ! »

Avec un handicapé, bonjour le week-end ! Et puis je ne le connais pas, « leur » handicapé. Et je ne veux pas le connaître. Non ! Non ! Non et non ! Je ne partirai pas avec mes parents.

– J'ai des devoirs à faire, ai-je dit.

Et je suis partie m'enfermer dans ma chambre. Avec leur gentillesse et leur solidarité, ils m'énervent, mes parents !

2
Victor le bébé

Je n'ai pas osé leur dire non.

Le lendemain, quand mes parents rentrent de leur club, ils m'annoncent :

– Marina, l'enfant qui partagera le side-car avec toi s'appelle Victor. Il a huit ans et il est non-voyant. Nous avons rencontré ses parents.

J'ouvre la bouche, la referme. Un vrai poisson. Aucun son ne peut sortir.

— Tu es toujours d'accord, Marina ? s'inquiète Maman.

Je suis toujours « pas d'accord », oui. Je bafouille quand même :

— Non-voyant, ça veut dire…

— Aveugle, il ne voit pas.

Ma mère ajoute aussitôt :

— Tout se passera bien, Marina, tu verras.

C'est bien Maman de dire : « Tu verras », avec un non-voyant !

— Il va partager l'igloo avec moi ?

— Oui, ce sera comme avec Juliette.

Je pense très fort : « Ça, ça m'étonnerait. »
Comment piquer des fous rires avec un Victor
que je ne connais pas, un Victor aveugle et qui
a huit ans seulement ? Deux ans de moins que
moi ! Un bébé, quoi ! Je vais servir de baby-
sitter !

J'ai envie de me moquer : « Le soir, faudra
peut-être que je le borde, que je lui lise une
histoire pour l'endormir. »

Mais, devant le regard de mes parents, je ne
dis rien.

Ma mère conclut :

– Nous aurions préféré que tu fasses la connaissance de Victor avant le 1ᵉʳ mai, jour du départ, mais ce ne sera pas possible.

Depuis, j'attends… le 1ᵉʳ mai ! La pensée de ces trois jours avec Victor me panique.

Je me répète : « S'il est aveugle, il ne peut rien faire seul. S'il ne peut rien faire seul, je vais devoir m'occuper de lui tout le temps. Et que vais-je pouvoir raconter, le soir, moi, à ce bébé Victor que je ne connais pas ? »

3
Le départ

1er mai, 7 heures du matin.

Au « Club des fous de side-car », c'est l'effer-vescence. Pantalons, blousons, bottes de cuir… en tenue de motard, mes parents sont plus beaux que jamais.

Vingt side-cars sont garés sur le parking. Autour, dans des fauteuils roulants, je vois des enfants de mon âge. Maman me l'a expliqué : ils sont paralysés des jambes. J'avale ma salive. Je n'ai jamais vu autant de handicapés à la fois, et surtout je n'ai jamais vu autant de handicapés de mon âge. J'ai une boule dans la gorge et une furieuse envie de m'enfuir. À l'écart, soudain, j'aperçois une petite frimousse, cheveux blonds coupés courts, lunettes noires. Est-ce Victor ?

Apparemment, oui, puisque ses parents embrassent les miens. Puis ils m'embrassent.

– Bonjour, Marina, voici Victor.

Il s'avance.

Intimidée, je ne sais que faire. Je n'ai pas le temps de réfléchir, il me fait déjà la bise, un peu maladroitement. Nos deux nez se cognent. Ça commence bien !

Papa nous tend les casques. Il m'adresse un clin d'œil.

– Aujourd'hui, Marina, dit Papa, nous sommes le side-car n° 1, celui qui guide les autres.

Être les premiers, avec une guirlande de side-cars à la traîne derrière nous, j'adore ça.

Victor enfile son casque. Mon père l'aide à s'installer dans le side-car. Je me glisse à ses côtés.

– La ceinture ! me fait signe Maman.

Je dis à Victor :

— Pour boucler la ceinture, tu vois, il faut…

J'ai dit : « Tu vois… » Je m'arrête net, gênée.
En silence, je l'aide à s'attacher.

— Tout le monde est prêt ? crie Papa. Alors,
en avant toute !

Les moteurs pétaradent. Derrière nous,
la guirlande de side-cars se déroule comme
une chenille multicolore. Je me retourne pour
regarder. Dans le soleil du matin, c'est magnifique. Je me penche vers Victor pour le lui dire,
puis… je n'ose pas. Je ne vais tout de même
pas lui dire que c'est magnifique alors qu'il ne
peut pas le voir par lui-même.

Je me tais. Et le silence s'installe. De quoi
parler ? Je soupire : avec Juliette, on commen-
tait le paysage, on discutait…

Avec ce Victor, le temps va me paraître long !
Mais long !

– De quelle couleur est notre side-car ?
demande-t-il soudain.

Sa voix est douce, agréable. Mais je trouve
qu'il exagère en disant « notre » side-car ! Ce
n'est pas le sien, tout de même. Du coup, j'ai
bien envie de lui jouer un tour, de répondre
« vert ou bleu ». Mais je dis la vérité :
– Rouge vif.

Victor a un sourire.

– S'il te plaît, Marina, continue. Dis-moi les couleurs des autres side-cars.

Je le regarde, étonnée.

– J'adore qu'on me dise les couleurs, dit Victor.

– Derrière le nôtre, il y a un vert…

– Salade !

– Et derrière, un jaune…

– Omelette !

– Puis un rose…

– Crevette !

C'est plus fort que moi, je souris.

4
Les yeux de Victor

Mon père cogne à la vitre.

– On s'arrête pour le pique-nique.

Les fauteuils roulants sont dépliés, puis ils glissent sur l'herbe. Victor est le seul enfant non-voyant. Je m'assois à côté de lui. Est-ce l'angoisse ? J'ai une faim de loup et je trouve que tout est bon.

À la fin du repas, Maman dit :

– À mon tour de conduire.

Papa s'installe derrière elle. Nous repartons.

Dans le side-car, Victor me chuchote :

– J'adore le side-car.

Et… il se met à fredonner : « Qui craint le
grand méchant loup ? C'est pas nous… » Puis
la chanson d'Obélix : « Quand l'appétit va, tout
va… » Des chansons de bébé, mais il chante
tellement bien, sa voix est si entraînante, que
je me décide à chanter avec lui. Tout bas, car
moi, je chante faux, une vraie casserole !

Papa nous fait signe.

– On s'arrête ici pour la nuit.

Nous installons les tentes. J'aide mes parents et, soudain, la panique m'envahit. Pour dormir, Victor va ôter ses lunettes noires. C'est comment des yeux d'aveugle ? Tout blancs ? Tout noirs ? Tout troués ?

Je voudrais me retrouver n'importe où, au pôle Nord, à l'Équateur… N'importe où, mais pas sous la tente avec Victor.

Au repas, je ne parle pas.

– Ça va ? me demande Maman.

– Mouais…

C'est comment des yeux d'aveugle ? Et de quoi allons-nous parler avec Victor ? On ne peut pas chanter tout le temps.

Nous voilà dans l'igloo. Papa vient nous faire un bisou. Puis Maman.

– Bonne nuit, Victor, dit Maman. Bonne nuit, Marina. Vous éteignez tout de suite : demain, on se lève très tôt !

Maman nous ébouriffe les cheveux à tous les deux. Je me glisse dans mon duvet Tintin, Victor, dans son duvet Wallace et Gromit, et… il ôte ses lunettes. Je n'ose pas regarder. J'ai peur. Puis je me décide. À la lueur de la lampe, je découvre ses yeux… bleus. Un peu éteints, mais pas horribles du tout. Je respire, soulagée.

Dehors, les grillons se sont mis à chanter. J'entends des rires, des chuchotements dans les autres tentes. J'éteins la lampe.

Je me pelotonne, mais je ne parviens pas à m'endormir. De savoir Victor, tout près, à côté, m'en empêche.

– Tu dors, Victor ?

Pas de réponse.

J'entends une petite respiration régulière. Il s'est déjà endormi.

Je reste seule dans le noir. Dans le noir... comme si j'étais aveugle, et je pense à Victor.

5
Canoë au programme

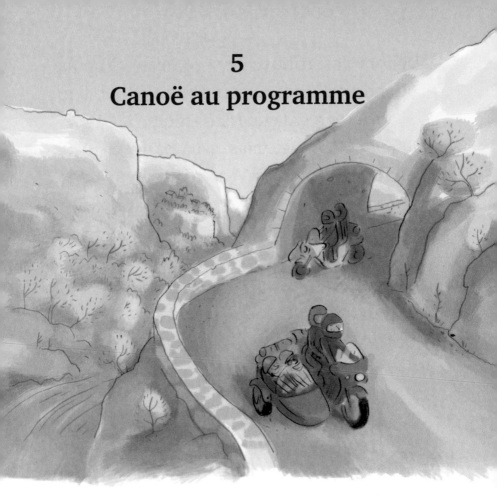

Le lendemain matin, les side-cars empruntent des routes sinueuses à n'en plus finir. À chaque tournant, avec Victor, nous nous amusons à pencher la tête.

Il n'y voit pas, pourtant il penche la tête pile en même temps que moi. Ça m'épate.

Enfin, nous arrivons aux gorges du Tarn. La guirlande de side-cars se gare. Nous nous accoudons à la rambarde qui domine les gorges. Tout en bas, il y a la cascade transparente, limpide. Victor respire un grand coup :

– C'est magique ! s'écrie-t-il, plus beau encore que je l'avais imaginé. Marina, tu aperçois les enfants qui jouent au bord de l'eau ?

Je me penche.

– Oui, je les vois.

– Et les canoës qui déboulent dans le torrent ?

Je suis muette, tout à coup : comment fait-
il pour savoir ? D'accord, il entend les cris
d'enfants… Mais pour les canoës… il m'étonne.

Au repas, le soir, il n'est question que de la journée du lendemain. Au programme : canoë pour tout le monde. Chaque canoë, avec deux passagers, descendra le torrent.

Victor écoute de toutes ses oreilles les explications de mon père :

– Marina, tu monteras dans un canoë avec Maman, et toi Victor, avec moi dans un autre, à l'avant. Quand je te le dirai, tu pagayeras.

Victor se mord les lèvres :

— Je n'y arriverai pas.

— Mais si, tu y arriveras, c'est moi qui dirige-rai le canoë.

Victor me cherche. Il ne me voit pas, mais il s'adresse à moi, je le sens.

— Je n'y arriverai pas, répète-t-il.

— Tu seras un super équipier, Victor, dit dou-cement Papa.

Moi, je ne dis rien.

Victor s'installe dans son duvet Wallace et Gromit.

– Je n'y arriverai pas, demain.

C'est devenu son refrain. Sa voix, anxieuse, découragée, résonne sous l'igloo.

Je voudrais le rassurer… mais je ne veux pas lui mentir. Mon père lui a dit qu'il y arriverait pour lui faire plaisir. Il ne peut pas y arriver. Je ne sais pas quoi lui dire pour le réconforter.

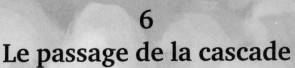

6
Le passage de la cascade

— Bien dormi, les enfants ? En forme pour cette journée de canoë ? demande Papa.

Je ne réponds pas. Victor non plus. Il me chuchote :

— Je ne veux plus y aller, Marina.

Victor, comme moi, doit avoir le ventre noué par la peur. Il faut le reconnaître : hier, le torrent était impressionnant, et sa chute faisait un vacarme assourdissant. Je m'entends murmurer :

— Tu vas y arriver.

Je ne sais pas pourquoi j'ai dit ça.

– Tu crois, Marina ? Vraiment ?

Aussitôt, Victor enfile son casque et son gilet de sauvetage.

– Tu as bien compris ? lui demande Papa. Pour que le canoë ne se renverse pas, nous devons faire les mêmes gestes ensemble.

Il saisit une fois de plus le bras de Victor et lui fait la démonstration.

– Je te dirai quand et comment pagayer. Au début, ce sera lentement.

Il le guide jusqu'à l'embarcadère. J'ai un mauvais pressentiment : c'est sûr, Victor va tomber à l'eau. Je le regarde : il me paraît si petit et si fragile.

Chaque canoë a un numéro. Avec Maman, nous avons le 11. Victor et Papa ont le 25, le dernier. Nous entendons les cris de ceux qui sont déjà partis.

— Ça va être à nous, m'avertit Maman.

Je jette un dernier coup d'œil à Victor. Il ne me voit pas, mais je sens qu'il me cherche.

Avec Maman, nous prenons place.

— D'en bas, nous verrons arriver Victor, me dit-elle. En route !

Nous glissons sur l'eau. Tout doucement. Le paysage défile. De part et d'autre de la rivière, d'immenses murs de verdure se dressent.

Puis, soudain, Maman se met à crier :

– En avant toute ! Pagaye, Marina !

Mon cœur bat à mille à l'heure. Je fais de mon mieux, mais ce n'est pas facile de pagayer. Puis, tout va terriblement vite : nous voilà déjà à la cascade.

C'est un super toboggan, vertigineux, que je vois d'en haut et j'ai carrément peur. Je retiens ma respiration. L'eau m'éclabousse, partout. Je n'y vois plus rien. J'entends des cris…

Nous sommes arrivées. Maman rit. Pas moi. En descendant du canoë, je titube. Ouf ! Nous voici sur la terre ferme.

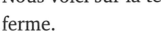

— Regarde, dit Maman, c'est Victor.

J'aperçois sa petite silhouette, raide, à l'avant du canoë. J'ai peur pour lui, je ferme les yeux... Je les rouvre. Il me semble entendre Papa, malgré le vacarme du torrent.

« En avant toute, Victor ! Pagaye ! C'est bien, c'est bien, continue... »

Tant bien que mal, leur canoë se faufile entre les pierres.

« Obstacle à droite, Victor ! Rocher ! Lève ta pagaie ! Lève ta pagaie, tu vas accrocher le rocher. »

Juste à temps, Victor lève le bras. Je respire.

« Rocher sur la gauche, maintenant ! Pagaye à nouveau ! Plus vite ! »

Les bras de Victor moulinent et…

Les voilà dans le rapide.

« Arrête de pagayer, Victor ! »

Pour couvrir le bruit du torrent, Papa s'époumone : « Cascade devant nous ! Accroche-toi ! »

– Allez, Victor, tiens bon, murmure Maman pour elle-même.

Moi, je ne peux rien dire. J'ai une boule dans la gorge. Mon cœur cogne, cogne. Maman ne dit plus rien, à présent. C'est un silence infini autour de nous. À part le vacarme de l'eau. Ils sont devant la cascade. Soudain, le canoë bascule.

– Où sont-ils passés ? murmure Maman.

Engloutis ? Mais soudain un cri retentit :

– Victoire !

À l'avant du canoë, Victor se frappe le torse et tape sa bouche, comme un Sioux.

– Victoooooiiiiireeee ! Victoooooiiiiireeee !

Sa voix résonne, répercutée par l'écho.

7
Une histoire d'amitié

À la tombée de la nuit, il fait tellement doux que Victor et moi nous restons dehors, à l'entrée de notre igloo. Je viens d'allumer la lampe dans la tente.

— Tu sais, Marina, j'ai eu très peur, aujourd'hui, dans le canoë.

Il ajoute dans un souffle :

— Tellement peur.

Victor ôte ses lunettes. Dans la journée, j'oublie presque qu'il ne voit pas. Mais pas le soir…

— Marina, tu veux bien me passer mon sac ?

J'attrape son sac à dos. Il en sort un paquet blanc, bizarre. Mon père surgit.

— Les enfants, il est l'heure de dormir, maintenant, dit-il. Demain, nous nous lèverons tôt pour partir. Tu éteins, Marina ?

Je soupire :

— Oui.

Pas cool, les parents, pour un dernier soir.

J'embrasse Papa et, à contrecœur, j'éteins la lampe.

– Ça ne fait rien que la lampe soit éteinte, me chuchote Victor, regarde…

Il m'attrape la main, la guide. Mes doigts glissent sur des petites bosses, des creux.

– C'est mon livre préféré : *L'œil du loup*, de Daniel Pennac*. Tu veux que je te le lise, Marina ?

– Oh, oui !

**L'œil du loup* est un roman de Daniel Pennac publié aux éditions Nathan.

Dans la nuit, les doigts de Victor caressent les feuilles blanches. Sa voix s'élève, très douce.

– « Debout devant l'enclos du loup, le gar-çon ne bouge pas. Le loup va et vient. Il marche de long en large et ne s'arrête jamais. »

Dans la tiédeur du soir, j'ai écouté Victor, j'ai écouté l'histoire du loup, jusqu'au bout.

À la fin, il a eu un soupir :

– Demain, nous retournerons à Lyon. Trois jours, c'est trop court.

– Oui, trop court.

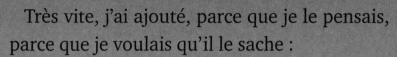

Très vite, j'ai ajouté, parce que je le pensais,
parce que je voulais qu'il le sache :

– Tu sais, Victor, je te trouve super.

Je n'ai pas pu le voir, mais je sais qu'il a souri.

Il a souri, mais il n'a rien dit.

Et ce silence, c'était encore plus beau.

Achevé d'imprimer en mars 2008 par Oberthur
35000 RENNES - N° Impression : 8437
Imprimé en France